AF562914

NOTICE

SUR

ANTONY VIOT,

PAR

LÉON DALLEMAGNE

BOURG-EN-BRESSE,

IMPRIMERIE MILLIET-BOTTIER.

1866.

NOTICE

SUR

ANTONY VIOT.

NOTICE

SUR

ANTONY VIOT,

PEINTRE-PAYSAGISTE,

PAR

LÉON DALLEMAGNE

BOURG-EN-BRESSE.

IMPRIMERIE MILLIET-BOTTIER.

1866.

ANTONY VIOT.

Ceci n'est point une biographie. Tout a été dit et bien dit sur la tombe d'Antony Viot et on n'oubliera pas les pages émues que, dernièrement encore, un de ses amis lui a consacrées. Je ne veux que rendre un dernier hommage à la mémoire d'un homme éminent dont la mort a été considérée, à juste titre, comme un deuil public. Si, pendant sa vie, Viot est resté en dehors de toutes les ambitions, si sa trop grande modestie l'a empêché d'occuper dans les arts la place qu'il méritait, c'est à nous, ses amis, qu'appartiennent désormais le soin de sa réputation et le devoir de le faire connaître à tous.

Viot était un de ces hommes rares qui séduisent et se font aimer à première vue. Son accueil toujours sympathique, sa gaîté douce, ses conversations où brillaient toutes les richesses de son cœur et de son esprit avaient fait de son atelier un foyer artistique où de nombreux amis venaient passer, en dehors des préoccupations ordinaires de la vie, des heures bien remplies auprès de cette intelligence d'élite. Ce foyer, dont il était le centre, la mort vient de l'éteindre; mais ceux qui ont eu le privilége et l'honneur de vivre dans l'intimité d'Antony Viot conserveront de lui un souvenir impérissable.

I.

Antony Viot naquit à Rodez en 1817; amené très-jeune à Bourg par son père, qui occupait les fonctions de directeur des contributions directes, et n'ayant jamais quitté cette ville, il adopta la Bresse pour son pays et nous pouvons aujourd'hui, avec un légitime orgueil, le revendiquer comme compatriote.

Il fit ses études au collége de Bourg et se fit remarquer de bonne heure par son aptitude toute spéciale pour la musique et le dessin, car ce fut un des priviléges de cette merveilleuse organisation d'avoir à son début dans la vie le choix entre deux arts pour lesquels il paraissait également bien doué. Docile au vœu de ses parents, il suivit quelque temps la carrière administrative, mais son goût l'entraînant vers la peinture, il n'eut pas à lutter longtemps contre une volonté contraire et M. Viot, son père, fut bien inspiré en lui facilitant les commencements ardus de la carrière artistique. Il l'envoya à Genève étudier auprès d'un homme dont la haute réputation commençait et qui devait un jour être un maître : Alexandre Calame. Ce puissant artiste, trop peu apprécié chez nous, grâce à des divergences d'école, reconnut bientôt, sous l'ardent labeur de son élève, ce feu sacré et cette intuition du beau qui font les vrais peintres. Il prit en affection cette nature douce, mais fine et spirituelle, et l'initia, avec une sollicitude toute paternelle, aux secrets de son art. Viot conserva longtemps, dans sa manière de peindre, l'impression de ces premières leçons, et l'on retrouve dans les œuvres du maître et de l'élève une analogie qui ne devait pas s'effacer entièrement, mais s'atténuer par l'habitude d'étudier une nature différente plus simple, plus chaude, plus harmonieuse et partant plus accessible aux œuvres d'art.

Les leçons de Calame fructifièrent. Viot revint à Bourg, où il fut définitivement fixé par un mariage selon ses goûts. A partir de cette époque, sa vie appartient tout entière à l'art et à l'étude. Ceux qui ont vécu dans son intimité peuvent seuls savoir combien de productions de toutes sortes sont sorties de son pinceau et de son crayon. Vivant retiré, entouré d'un petit cercle d'amis et n'appréciant que les charmes de la famille et des relations intimes, il ne sut se distraire de son prodigieux labeur d'atelier que par d'autres études aussi sérieuses. Pendant vingt-cinq ans il n'a cessé de produire sans relâche; se préoccupant sans cesse de son art, aussi sévère pour ses œuvres qu'il était bienveillant pour celles des autres, soutenu par cet austère amour du travail qui le dominait, il est devenu le consciencieux et éminent artiste que nous avons connu.

Viot commença à se faire remarquer par des aquarelles et des gouaches admirablement réussies; il excella surtout dans ce dernier genre.

Peu à peu sa réputation s'établit à Lyon, ses dessins furent recherchés, et lorsqu'il exposa des œuvres plus sérieuses, il prit immédiatement rang parmi les meilleurs exposants de cette ville. Pendant quinze ou vingt ans ses tableaux ornèrent la plupart des expositions de province, et partout ils obtinrent le même succès. Des médailles d'honneur décernées à Amiens, Nîmes, Moulins, Nevers, Besançon consacrèrent son talent. En 1864 notamment il eut un triomphe à Marseille; la ville qui avait le choix entre un grand nombre d'œuvres d'artistes célèbres, n'acheta que deux tableaux pour son musée, et Viot fut un des élus. Une certaine défiance de lui-même et sa trop grande modestie le détournèrent longtemps d'exposer à Paris. Les pressantes instances de ses amis, les sollicitations d'artistes et d'hommes éminents le décidèrent, et elles furent justifiées par le succès : une mention honorable lui fut décernée en 1861 et mit le sceau à sa réputation. Pour comprendre tout le prix de cette dernière récompense, il faut savoir quelles immenses difficultés un artiste de province doit vaincre pour se faire agréer par le monde artistique de Paris, difficultés plus grandes encore pour Viot, dont le noble caractère répugnait à toutes les pénibles démarches auxquelles sont condamnés ceux qui veulent arriver rapidement à une notoriété que le talent seul ne donnerait pas. Heureusement une révolution salutaire s'opère aujourd'hui : si le progrès industriel pénètre partout, en revanche la décentralisation artistique marche à grands pas et nous devons nous en applaudir. Les expositions de province prennent une grande extension ; celles de Lyon, Bordeaux et Marseille ont une importance particulière. Un immense débouché s'ouvre aux œuvres des artistes ; le public s'initie peu à peu aux études esthétiques ; le goût du beau se répand, et nous pourrons un jour admirer partout les splendides créations de l'art à côté des incroyables résultats de la science. Car il ne faut pas être exclusifs ; acceptons le siècle tel qu'il est, et ne récriminons pas trop contre l'industrie qui, si elle dépoétise tout ce qu'elle envahit, répand du moins l'aisance. La poésie ne réside pas seulement dans la nature, elle vit au fond du cœur de l'artiste, et celui qui conserve le culte du beau et de l'idéal saura bien toujours rencontrer un coin de terre béni par le soleil où il pourra rêver en paix et trouver le germe des grandes idées et des grandes œuvres.

II.

Il est des contrées ignorées, que nul touriste n'a visitées et dont nul peintre ne s'est inspiré. Tout est mode et engouement : on va où va la foule et on admire de confiance ce que d'autres ont admiré. La fable des moutons de Panurge est vraie : on aime les sentiers battus et on ne prend pas une voie sans y avoir des devanciers.

Au nombre de ces pays peu connus, il en est un dont l'insalubrité proverbiale et la tristesse traditionnelle avaient éloigné depuis longtemps tous les visiteurs. La Dombes, aujourd'hui mieux appréciée, devient non-seulement propre aux améliorations agricoles, mais encore se révèle comme une des contrées les plus aptes à inspirer un artiste. Triste et déserte, mais pleine d'une grandeur sereine, cette terre des vieux chênes devait séduire la nature douce et impressionnable de Viot. Il s'éprit de ce beau pays et avec raison, car il lui dut ses plus belles œuvres et le caractère de poésie intime qui s'est répandu sur toutes ses productions. D'ailleurs il ne fut point le premier à s'enthousiasmer pour la Dombes : un grand écrivain, M. Edgard Quinet, en a parlé en grand poète. Je détache le passage suivant de sa remarquable Notice sur l'église de Brou :

« Il y avait alors, à la porte de la France et sur le « chemin de l'Italie, un pays encore primitif et qui « a conservé jusqu'à présent la mélancolie infinie « des lieux inhabités. Des forêts sans issues le cou- « vraient. Au sein de ces forêts, des marais, de grands « étangs, où les arbres baignaient leurs pieds et qui « étaient entourés d'une ombre impénétrable scintil- « laient d'une lumière livide. De loin en loin il sor- « tait du fond de leurs pesantes eaux un sanglot

« comme le bruit d'un homme qui se noie. Mais ja- « mais ils n'étaient visités par d'autres voyageurs que « par les hérons, les sarcelles et les bandes de canards « sauvages qui, de temps en temps, s'abattaient avec « fracas sur leurs rives plombées.... Au commence- « ment du printemps, cette nature désolée fait un « effort pour sourire. Mille plantes des eaux fleuris- « sent. C'est le temps où les nénuphars éclosent comme « de petits cygnes qui secouent leurs duvets sur les « marais. Ce pays a alors un charme étrange. »

Et c'est ce charme qui avait séduit Viot. Il aimait avant tout la Dombes ; il faisait bien de fréquentes excursions dans les montagnes du Jura et du Bugey, mais il revenait toujours de préférence aux vastes horizons des plaines. Aussi connaissait-il à fond cette nature. Il l'a rendue avec un rare bonheur, et l'on retrouve dans la plupart de ses tableaux cette harmonie de couleur et de ligne qui caractérise spécialement ce singulier pays. Viot a donc été et doit rester le peintre de la Dombes : c'est la place qu'il faut lui assigner ; il n'est ni de l'Ecole genevoise, ni de l'Ecole lyonnaise ; il a une individualité, il est le peintre de la Dombes.

Hélas ! il l'a trop aimée cette nature qui cache les terribles influences de son soleil de plomb sous les suaves et grandioses harmonies de ses horizons. Il est mort, tué par un excès de travail sous l'ardente chaleur de juin. Pressentait-il donc sa fin prochaine lorsque, dans une lettre adressée à un de ses amis, quelques jours avant sa mort, il disait une sorte de mélancolique adieu à la Dombes : « Je me suis si bien « attaché à ce beau pays, qu'une fois engagé dans « une certaine série d'études il ne m'a pas été pos- « sible d'en sortir. Après dix jours de travail, sans « interruption, force m'a été de revenir. J'ai quitté » cette Dombes avec un inexprimable regret. J'espère « que nous y retournerons, l'an prochain, en bonne et « et nombreuse compagnie d'artistes. Je rapporte cinq « à six dessins, quatre études assez faites, cinq po- « chades, plus bon nombre d'impressions dont j'ai « déjà tiré parti en ébauchant hier une grande toile : « *Un soleil couchant* dans de grands arbres autour « d'une mare. »

Cette ébauche, ce tableau inachevé est la dernière pensée de l'artiste. Il est mort à son retour de la Dombes ; il est mort en peignant la Dombes.

Outre la Suisse, le Jura, le Bugey, la Rivière de Gênes, Viot avait eu la bonne fortune de visiter deux fois la Bretagne, et je ne crois pas qu'après la Dombes il ait plus aimé une autre nature. La poésie étrange de ce pays des bruyères et des forêts druidiques l'avait impressionné à un tel point qu'il rêvait de le revoir une troisième fois, lorsqu'une mort prématurée est venue nous l'enlever. Que de fois je l'ai entendu parler de la Bretagne avec un profond enthousiasme. Il aimait tout ce qui se rattachait à ce fier pays, ses mœurs, ses costumes, ses légendes, le mélange de sa foi et de ses superstitions naïves, l'harmonie sauvage de ses landes et de ses forêts et le charme fantastique de ses nuits quand « la lune répand ce grand secret de mé-

« lancolie qu'elle aime à raconter aux vieux chênes « et aux rivages antiques des mers. » Je crois que s'il eût pu réaliser son rêve et revoir la Bretagne, il y eut puisé de nouvelles inspirations et nous aurions eu à admirer une série de tableaux d'un caractère et d'un sentiment différents de ses œuvres ordinaires.

J'ai dit plus haut que Viot était le peintre de la Dombes; mais je n'ai point voulu par là réduire son talent à l'interprétation heureuse d'une seule nature. Non, certes! Viot a largement et victorieusement traité d'autres sujets. Qui ne se rappelle les plateaux d'Hauteville à la couleur méridionale, aux lignes grandes et nobles, et ces mystérieux lacs du Jura dont il se plaisait à rendre la profondeur, et le reflet des grands arbres penchés sur leurs rives inhabitées. J'ai voulu dire seulement que c'était dans ses tableaux de Dombes que l'on retrouvait Viot tout entier, et que la meilleure partie de son œuvre, sinon la plus considérable, a été inspirée par cette terre des étangs et des bouleaux.

III.

Il y a dix-huit mois à peine, Calame mourait, emportant le secret de sa lutte opiniâtre et souvent heureuse contre les difficultés qu'offre la nature de Suisse aux ressources toujours bornées de l'art. Les querelles d'écoles recommencèrent sur sa tombe, et parmi les divers appréciateurs du talent de Calame, quelques-uns affectèrent un mépris irraisonné. Viot s'en indigna avec justice et écrivit au *Journal de l'Ain* une lettre qui doit rester non-seulement comme une chaleureuse et éloquente défense de son maître et de son ami, mais encore comme un modèle de critique d'art. Je ne résiste pas au désir d'en citer un passage important :

« J'ignore le nombre de tableaux qu'il a produits, « mais à en juger par ceux que je connais et ceux « dont j'ai entendu parler, il doit être prodigieux. « Si l'on y joint l'immense quantité de dessins sortis « de son crayon ou de son pinceau, ses lithographies, « ses eaux-fortes, on trouvera que son œuvre suffirait « à défrayer la vie de plusieurs peintres. Toutefois, « si sa grande fécondité était une conséquence de son « extrême habileté de main, elle n'était pas le résultat « d'une exécution hâtive, lâchée ou escamotée; il « cherchait à faire bien plutôt que beaucoup. Que de « fois ne l'ai-je pas vu gratter et recommencer des « toiles presque finies, dans la conviction qu'il pouvait « arriver à mieux. Toutes les parties d'un tableau lui « étaient également chères, toutes étaient traitées « avec un soin extrême, pas d'à peu près, rien de « négligé ; il s'attachait beaucoup aux détails d'ar- « bres, de rochers, de terrains, de lointains, ne « perdant jamais de vue l'ensemble et le grand aspect. « Toujours noble et élégant, les moindres de ses des- « sins ont un cachet de distinction qui les fait re- « connaître entre mille. Il avait horreur du trivial « et du commun. Les motifs les plus simples prenaient

« sous sa main une grande tournure, car il avait à un
« haut degré le sentiment du beau. »

Eh bien! cette juste appréciation de la peinture de Calame, faite par son meilleur élève, ne peut-elle pas s'appliquer à Viot? En la lisant attentivement, ne le retrouve-t-on pas tout entier avec sa sollicitude de la ligne et de la forme, avec sa préoccupation et sa science du dessin si rares aujourd'hui chez beaucoup de peintres qui prennent le pinceau avant de savoir manier le crayon? Il faut avoir vu travailler Viot pour se douter de ses prodigieux et fatigants efforts dans la recherche de la vérité. Nul peintre n'a eu plus que lui des documents pris sur nature, et nul n'a plus interrogé et plus cherché. Il peignait d'après nature le plus possible et il affectionnait singulièrement ce pénible genre de travail. On croit trop généralement que les œuvres d'art sont d'un enfantement facile et l'on regarde les études sur nature comme un passe-temps. C'est une erreur profonde; la simple contemplation ne saurait donner aucun résultat. Pour produire quelque chose de grand, il faut pénétrer au fond des choses, les distinguer rigoureusement, les associer de diverses manières et les étudier avec une attention persistante. L'artiste ne peut parvenir que par une étude des plus laborieuses. On lui dit bien : étudiez la nature, et l'on croit qu'il ne s'agit que de copier; mais ce n'est pas facile de démêler le noble du vulgaire, le beau de l'informe. Viot avait le talent de bien choisir ses études et il les travaillait avec une singulière ardeur. Il écrivait à un de ses amis dont il se plaisait à diriger les débuts dans la carrière artistique : « Oubliez devant la nature tout ce que vous pouvez savoir ; faites moins d'études, mais travaillez-les plus « encore que par le passé. Revenez-y plusieurs fois : « grattez et reprenez, vous en tirerez toujours quelque chose, ne fût-ce que de vous être donné de la « peine, ce qui n'est jamais perdu. Je m'aperçois de « plus en plus que pour certaines études on a souvent « à se repentir de les laisser à moitié faites, et de se « contenter à peu de frais. »

Viot dessinait parfaitement ; c'est la suprême qualité de ses tableaux. Ses arbres étaient toujours nobles et pleins de style ; ils vivaient et on sentait l'air courir entre les branches flexibles et soulever les feuilles qui tremblaient. Ses terrains étaient solidement et largement peints, et les détails des premiers plans étaient exécutés avec un soin et une science qui ne nuisaient que rarement à l'ensemble. Il avait à un haut degré l'art d'unir, par des seconds plans traités dans une gamme très-douce, les lointains vaporeux et fuyants avec les touches énergiques des premiers plans, de façon à former un tout harmonieux, et il évitait ainsi l'écueil qui se présente souvent, surtout dans les tableaux de montagnes, d'avoir des verts crûs s'enlevant sur des fonds bleus, ce qui est toujours d'un effet désagréable. Il a peint des intérieurs de bois pleins d'une poésie intime, où les troncs blancs des bouleaux se mêlent à la verdure sévère des chênes, où les rayons du soleil perçant les branches sèment d'une ardente lumière les ondulations luxuriantes des hautes herbes.

Il rendait les eaux avec une étonnante habileté, soit qu'il peignît les écumes bruyantes et folles des torrents du Bugey roulant dans les rochers moussus, les vertes profondeurs des lacs du Jura, ou les tranquilles somnolences des étangs de Dombes.

J'ai entendu faire à Viot une singulière critique ; on lui a dit : mais vous ne variez pas assez votre manière, vos tableaux se reconnaîtraient entre mille. Etrange reproche qui méconnaît la plus précieuse qualité de l'artiste, celle qui crée une individualité à une époque où on ne voit que des masses. La seule critique qu'on puisse lui faire, et encore est-elle légère, c'est d'avoir trop douté de lui-même, et d'avoir quelquefois par un travail trop rigoureux nui à une première inspiration pleine de sève et de sentiment. Il ne pouvait se décider à abandonner un tableau, et, suivant l'expression assez exacte d'un de ses amis, il aurait fallu souvent lui arracher ses œuvres avant que, par une exécution trop soignée, il en eût défloré la jeunesse et la simplicité. Son seul défaut est d'avoir eu une qualité poussée à l'excès, chose bien rare à une époque où l'on a adopté par impuissance une peinture lâchée et grossièrement maçonnée, où l'informe a été pris pour le beau et la trivialité pour l'idéal. Il est singulier que jamais la peinture de paysage n'ait été à la fois mieux comprise et plus mal traitée. A côté des grands noms de l'art, à côté de ceux qui ont compris que le réalisme n'était pas le prosaïsme, les Daubigny, les Rousseau, les Dupré, les Français, et tant d'autres qui marchent sur les traces de ces maîtres et qui comprennent sainement leur art, il est une pléiade de barbouilleurs qui prostituent la nature dans des œuvres vulgaires, et qui offrent à l'admiration des *béotiens* ce flot de médiocrités qui envahit nos expositions. On voit beaucoup de peintres qui, avec un talent réel, n'arrivent qu'à des productions communes, parce qu'ils sont trop uniquement préoccupés de plaire à la foule. Ils ont bien plus en vue de flatter nos sens que le goût véritable, et pour cela ils s'écartent de la vérité, du dessin et du style ; aussi ne sont-ils qu'agréables et ne s'élèvent-ils jamais au beau. Au point de vue de leur intérêt, ils ont raison, car les sens portent souvent le premier jugement, même chez le connaisseur, et chez celui qui ne l'est pas ils sont les seuls juges. Mais est-ce là le but de l'art et doit-il être réduit à une simple production vénale ?

Ce qu'il y a de plus triste dans tout cela, c'est de voir comment ils arrangent la nature. Ils cherchent à l'enlaidir, quand il est si difficile d'approcher de sa suprême beauté. Et c'est ce qu'on aime et ce qu'on applaudit ! Il faut protester contre ce mauvais goût et envisager l'art à un point de vue plus élevé. Puisqu'il dépend de la fantaisie de l'artiste de déshonorer la nature ou de l'ennoblir, il ne doit pas sacrifier au faux goût du jour ; il doit mépriser le jugement de son temps, avoir souci de sa propre dignité et marquer au coin de l'idéal toutes ses œuvres, qu'elles soient illusions ou vérités, jeux de son imagination ou sérieuses études de la nature.

Disons à l'éternel honneur de Viot que c'est le but

qu'il a toujours cherché et qu'il a souvent atteint. Dans sa peinture très-faite, très-finie, très-consciencieuse, il n'y a rien de vulgaire, et s'il y a des erreurs, elles ont été rares et dérivaient peut-être des premières leçons qu'avait reçues l'artiste. L'école de Calame, et je ne fais que répéter ce que tout le monde sait, manquait de simplicité, et cela forcément puisqu'elle étudiait une nature en dehors de toutes les vraisemblances. Si Calame a su produire des œuvres hors ligne, tout en se heurtant contre des impossibilités matérielles, il lui a fallu un courage surhumain et un talent qui ne doit plus être discuté. Seulement où il a réussi, d'autres échoueront même avec un mérite réel. La nature de Suisse, si merveilleuse à l'œil du touriste, ne peut que très-difficilement être rendue par la peinture, car on arrive forcément à ce résultat de la dénaturer si on ne veut pas la copier strictement, ou de rester en dessous même de la photographie si on ne veut faire qu'une reproduction. La peinture n'est pas la copie de la nature, elle en est l'interprétation ; or, en présence des spectacles alpestres, l'artiste est impuissant ; l'âme perd une partie de sa liberté, en ce qu'elle perçoit du dehors ce qu'elle produirait par son activité propre devant une nature plus simple.

Il ne m'est pas possible de faire la nomenclature des tableaux de Viot ; son œuvre est trop considérable et ses toiles sont disséminées un peu partout. J'essayerai pourtant de citer les dernières et les plus connues. En 1858, le *soir en Dombes* fut considéré comme le meilleur paysage de l'exposition lyonnaise par un critique auquel j'emprunte les lignes suivantes : « Quelle vé-« rité frappante dans tous les détails de cette petite « marc qui est sur le premier plan ! Quelle vigueur « dans ces troncs d'arbres d'où s'élancent des branches « si habilement emmanchées ! Comme le jour s'en-« fonce dans cet angle de forêt, comme l'air passe à « travers le feuillage ! Le soleil va disparaître derrière « la douve qui termine l'étang. C'est l'heure du cré-« puscule. Tout le paysage est plein de ce demi-jour « qui est plus difficile à imiter fidèlement que les » grands effets de lumière. » (*Revue du Lyonnais.*)

Viot exposa à Paris, en 1860, les *Hauts plateaux du Bugey* qui furent remarqués et qui envoyés à Amiens avec le *Torrent*, en 1861, lui firent décerner la médaille d'or accordée par l'Empereur *à l'artiste qui aurait envoyé l'œuvre jugée la plus remarquable.* Ce tableau appartient à M. Royé-Belliard. La Société des Amis des Arts de Lyon acheta cette même année l'*Etang de Bouligneux* (à M. Bayard), paysage calme et lumineux. « Le sujet est d'une extrême simplicité « et semblerait devoir mal se prêter à la peinture ; « mais l'artiste a su si bien faire enlever en plein « relief ce modeste petit château isolé au milieu d'un « étang, il a su donner aux lueurs du couchant qui « rougissent le faîte des murs de briques tant de « suavité, et aux eaux dormantes une telle transpa-« rence, il a reculé les limites de son horizon à de si « grandes profondeurs, et répandu dans son atmos-« phère de si chaudes vapeurs de soirées d'été, que « ce paysage tout uni et dépouillé d'arbres produit

« plus d'effet qu'une savante composition. L'œil, « séduit par une illusion qui égale presque la vérité « de la nature elle-même, ne peut se détacher de « cette image des fiévreuses solitudes de la Dombes, « sur lesquelles la mort imprime, comme sur les « déserts de la campagne romaine, un caractère de « solennelle tristesse. » (*Courrier de Lyon.* — E. Jouve.) J'ai reproduit en entier cette appréciation, moins pour faire connaître le tableau lui-même, que parce qu'elle peut s'appliquer parfaitement à beaucoup d'autres toiles de Viot.

En 1862 le travail de l'artiste fut fécond, il eut pour résultat les trois tableaux qui ornent les salons de la préfecture de Bourg, et qui résument en trois paysages admirables la nature si variée du département de l'Ain. La *Bresse*, le *Bugey* et la *Dombes*, cette dernière toile surtout, doivent être classés parmi les meilleures œuvres de Viot. Il exposa en 1863, à Paris, la *Mare aux Roches* et *un Chêne* (à Mme veuve Guichellet). La *Mare* est un vaste tableau dans une toile de moyenne dimension; rien de plus frappant que ce paysage sinistre qui semble avoir dû servir de cadre à une sombre légende. Tout le tableau est dans l'ombre, hormis le ciel qui, vivement éclairé, jette quelques reflets sur un premier plan de terrains se mêlant à une eau mate et verdâtre. C'est d'un grand aspect et très-réussi. Le *Chêne* est une magnifique étude d'arbres; au milieu d'un taillis un vieux chêne, dont le tronc est en pleine lumière, étend ses branches plantureuses sur les jeunes pousses, et se détache avec une vigueur qui n'exclut pas l'harmonie. Les dessous ont beaucoup de finesse et de fraîcheur, et à part deux troncs de bouleaux qui forment un accessoire inutile, le tableau est parfait.

Le musée de Marseille acheta en 1864 le *Lac de Chambly*. Ce sont de grands arbres parfaitement dessinés, derrière lesquels le soleil couchant jette des lueurs rougeâtres sur les eaux transparentes du lac, un premier plan de rochers très-énergiquement peints, un fond de montagnes perdues dans la vapeur du soir : tout cela est plein de chaleur, de calme et de poésie.

Cette même année parut son chef-d'œuvre *le Soleil couchant en Dombes*, vaste et admirable toile d'un effet fulgurant; un soleil de feu s'abîme à l'horizon sur des eaux enflammées. Ce tableau est sans reproche. C'est l'œuvre la plus complète de l'artiste. Tout est couleur et harmonie; c'est grandiose, c'est *empoignant*. (Exposé à Paris, vendu à Bordeaux.)

En 1865, Viot envoya à l'exposition des Amis des Arts de Lyon cette fraîche Arcadie de la *rivière de Clairvaux*, où de beaux arbres ruisselant de lumière plantent leurs racines sur les bords d'une eau pure et miroitante. Cette toile révèle une grande science de dessin et une étude très-approfondie de la nature. Il est impossible de composer un tableau avec plus d'entente du style et plus de recherche de la vérité.

Viot fit, en outre, cette année un *effet de brouillard*, petite toile qui n'a pas été exposée, je crois, et qui est une ravissante chose. Rien n'est plus simple :

quelques saules au bord d'un étang, un ciel gris d'où la lumière sortant d'une éclaircie sème de perles humides l'herbe des premiers plans. On sent la rosée, on voit flotter le brouillard : ce n'est rien et c'est charmant. (A M. M. de la Teyssonnière.)

N'oublions pas un *commencement d'orage dans les montagnes du Bugey*, exposé et vendu à Lyon cet hiver, après avoir été remarqué à Paris et à Amsterdam.

Deux autres bons tableaux sont à Bourg, chez M. Baux, archiviste du département : *la rivière d'Ain*, une des plus charmantes toiles de l'artiste, et *la vallée d'Aoste*.

Cette énumération est trop courte, eu égard à l'œuvre considérable de Viot, mais je ne puis m'étendre davantage, en raison même du grand nombre de tableaux qu'il a produits. Je dirai seulement que pendant vingt ans Viot n'a cessé d'exposer dans toutes les grandes villes de France et d'Allemagne, qu'il a fait des gouaches par centaines, et que ses cartons sont pleins de dessins et surtout d'études au lavis où il est impossible de mettre plus d'esprit et de sentiment vrai.

Après avoir longuement parlé de l'artiste, je voudrais dire quelque mots de l'homme, mais il fut trop parfait pour qu'une froide appréciation puisse le faire connaître. Doué de cette énergie de caractère qui est le ressort le plus puissant de tout ce qu'il y a de grand et d'excellent dans l'homme, et dont nul autre avantage ne saurait compenser la privation, il est arrivé à la réputation seul et sans soutien, et je dirai malgré lui, car une rare modestie le faisait toujours se reléguer au second rang quand il aurait dû occuper le premier. En dehors de son travail artistique, il avait acquis une instruction profonde qu'il cachait presque et dont on lui arrachait le secret dans les conversations intimes. D'une grande bonté, il n'a jamais porté aucun jugement qui pût blesser quelqu'un, et il est mort ne laissant que des amis. Ce cœur d'or ne connaissait que la bienveillance; il ne fut pas même irrité par quelques injustices, rarement épargnées, du reste, aux artistes qui restent comme lui en dehors de toutes intrigues et de toutes sollicitations.

Dernièrement encore, un journal, rendant compte de l'exposition de Lyon de 1866, ne parla pas de Viot, et j'aime à croire que ce ne fut qu'une regrettable omission. Viot s'en attrista, mais sans aigreur : « J'avais « cru, disait-il, par vingt ans de travail avoir acquis « des droits à une critique sérieuse, eh ! bien, je ne « suis pas même nommé. » C'est maintenant l'heure de la justice et elle lui sera rendue. Sa tombe a été entourée des regrets de toutes les classes : je n'en veux pour preuve que le fait suivant. J'entrais, il y a peu de jours, dans un magasin de Bourg, et je fus frappé tout de suite par une aquarelle, que je ne m'attendais pas à trouver là. La femme qui occupait le comptoir s'en aperçut : *C'est un Viot*, me dit-elle avec une sorte d'orgueil, *nous y tenons et nous ne nous en déferons jamais.* Je fus plus heureux de cette réponse, que si on m'avait proposé de me céder le dessin, et je sortis satisfait de cet hommage rendu à l'artiste par la femme du peuple.

Hélas ! cet homme charmant , cet artiste éminent n'est plus, et devant l'immense affliction de sa famille, la nôtre, quelque profonde qu'elle soit, doit se taire. Mais s'il a su trouver dans son art le difficile secret du bonheur et la satisfaction sereine d'une vie bien remplie, il y aura gagné aussi d'échapper à cette dure loi de l'oubli qui est le lot commun. J'en ai l'espérance, je dirai presque la certitude. Sans doute la nature humaine a ses bornes dans la douleur comme dans la joie, mais le temps qui calme tout n'effacera rien , et Antony Viot laissera toujours parmi nous le souvenir d'un grand cœur et d'un beau talent.

Bourg , imp. Milliet-Bottier.

www.ingramcontent.com/pod-product-compliance
Lightning Source LLC
LaVergne TN
LVHW020305230826
846091LV00006B/2535

* 9 7 8 2 0 1 2 9 8 6 9 0 9 *